Catastrophe de SAINT-PIERRE (Martinique)
Du 8 Mai 1902

MÉMOIRE

à l'appui des recours introduits au Conseil d'État
contre la décision du Conseil
du Contentieux administratif de la Martinique
en date du 11 Juillet 1906
et contre la décision de M. le Ministre des Colonies
par absence de réponse à la demande
du 27 Août 1906

PAR LES

HÉRITIERS LEMAIRE

Propriétaires et Entrepreneurs de la

MAISON COLONIALE DE SANTÉ

De SAINT-PIERRE (Martinique)

L'UN D'EUX:

G. DE PELLERIN DE LATOUCHE

Novembre 1908

Catastrophe de SAINT-PIERRE (Martinique)
Du 8 Mai 1902

MÉMOIRE

à l'appui des recours introduits au Conseil d'État
contre la décision du Conseil
du Contentieux administratif de la Martinique
en date du 11 Juillet 1906
et contre la décision de M. le Ministre des Colonies
par absence de réponse à la demande
du 27 Août 1906

PAR LES

HÉRITIERS LEMAIRE

Propriétaires et Entrepreneurs de la

MAISON COLONIALE DE SANTÉ

De SAINT-PIERRE (Martinique)

L'UN D'EUX :

G. DE PELLERIN DE LATOUCHE

Novembre 1908

Six années et demie se sont écoulées depuis la catastrophe du 8 Mai 1902 qui a détruit la ville de Saint-Pierre (Martinique). **Les héritiers Lemaire** qui, par suite de circonstances toutes à l'honneur de leur aïeul, étaient les **propriétaires obligés** et les **entrepreneurs nés** de la **Maison Coloniale de Santé, asile public des aliénés**, se trouvent, depuis lors, privés de leur unique patrimoine qui constituait à peu près les seules ressources d'existence de deux d'entre eux.

Qu'importe, semble-t-il, à M. le Ministre des Colonies, à la Colonie de la Martinique, que les héritiers Lemaire aient été ruinés ! « Ils « sont à l'heure actuelle dans la situation des commerçants et des « industriels dont les établissements ont été détruits par la catas- « trophe de 1902, situation que le caractère de leur clientèle n'est « pas susceptible de modifier. » C'est du moins ainsi que s'exprime la Défense au Conseil d'État, dans ses observations du 26 Février 1908. Mais on verra ce que cette appréciation a d'injuste et d'inexact.

Au cours de cette longue instance, la détresse de Mlle Lemaire dont les revenus aidaient à l'éducation des sept enfants de sa sœur, la situation malheureuse de Mme Couturier, autre requérante, ont été plusieurs fois exposées à M. le Ministre des Colonies. La seule réponse obtenue fut un encouragement à plaider, « à obtenir une décision de justice » permettant à l'Administration de demander les crédits nécessaires au paiement de l'indemnité prévue par les contrats qui liaient le Ministre et la Colonie aux héritiers Lemaire.

La Commission des pertes instituée pour statuer sur les secours à accorder aux sinistrés, saisie par l'initiative du Ministre, a bien décidé en 1903 que l'on pouvait allouer aux héritiers Lemaire un secours de 25.000 francs qui serait à déduire du montant de l'indemnité qu'ils recevraient en fin d'instance — mais la communication de cette décision n'a même pas été faite aux intéressés et cependant, à cette époque, ceux-ci s'efforçaient d'obtenir justice par toutes voies amiables. C'est, en effet, contraints et forcés, ne pouvant obtenir aucune décision, aucune réponse précise du Ministre des Colonies, qu'ils ont introduit, le 13 Octobre 1904, leur requête au Conseil du Contentieux administratif de la Martinique.

Cette requête a été rejetée le 11 Juillet 1906, à la douloureuse surprise des héritiers Lemaire que la faiblesse des considérants invoqués confirmait dans la conviction d'un déni de justice à leur égard.

I

Il est indispensable de rappeler les faits et de les commenter (1) :

La Colonie de la Martinique décide, en 1838, de fonder un asile public des aliénés. Elle s'adresse dans ce but à M. Lemaire, maire de Fort-de-France, entrepreneur général des hôpitaux, réputé pour sa philanthropie et sa générosité « en sachant que dans cette cir- « constance il cherchera moins à faire une spéculation qu'une œuvre « d'humanité » (2).

---

(1) Deux mémoires produits par les héritiers Lemaire les 11 Juillet 1902 et 12 Avril 1904 au Ministre et aux Membres du Comité consultatif du Contentieux des Colonies, contiennent l'exposé de ces faits et de nombreuses observations.

(2) Procès-verbal de la séance du Conseil privé du 4 Septembre 1838.

Dans sa séance du 10 Septembre 1838, le Conseil privé constate
« que M. Lemaire, dans le but de faciliter autant qu'il dépend de lui
« cette utile réforme, s'est prêté à toutes les vues du Gouvernement
« et consent à se charger de l'Établissement projeté..... **En sous-**
« **crivant à cet arrangement, M. Lemaire demande seulement**
« **que le Gouvernement s'engage à lui rembourser le prix de son**

MAISON COLONIALE DE SANTÉ DE SAINT-PIERRE
La Maison des Sœurs Hospitalières.

« **Établissement avec le mobilier à dire d'expert dans le cas où**
« **son privilège lui serait retiré. M. le Directeur de l'Intérieur**
« **pense que ces conditions doivent être acceptées sans difficultés.**
« **Le Gouverneur et les Membres du Conseil à l'unanimité adop-**
« **tent cet avis ».**

L'Établissement est fondé et fonctionne depuis le 1er Avril 1839.

2

Dans sa séance du 26 Juin 1839, le Conseil privé de la Colonie arrête les termes du contrat qui va consacrer et réglementer cette fondation et ce fonctionnement.

« Le Gouverneur — dit le procès-verbal de la séance — rap-
« pelle que M. Lemaire, en s'offrant l'année dernière pour fonder le
« nouvel hospice des aliénés dans un moment où l'on était aux expé-
« dients pour composer le budget, a réellement tiré l'Administra-
« tion d'embarras, car il lui a donné le moyen de réaliser une
« amélioration que tout le monde proclamait indispensable, mais
« dont on ne savait comment payer la dépense. »

Chaque article du contrat est soumis successivement à la délibé-ration du Conseil qui les adopte tous à l'unanimité de ses Membres. La première partie de ces articles s'applique au traitement des ma-lades, au fonctionnement de l'établissement. Les clauses suivantes, formant la seconde partie, correspondent et à la condition formulée par M. Lemaire en 1838 et au sentiment de reconnaissance que le Gouverneur exprimait :

« Il sera dressé le 1er Janvier de chaque année un inventaire du
« mobilier de l'hospice par quantité et valeur des objets y existant.
« Il sera fait également l'estimation des constructions formant l'éta-
« blissement en général **afin d'assurer à M. Lemaire une juste**
« **indemnité des pertes qu'il pourrait avoir à souffrir par accidents**
« **imprévus, tels que feu du ciel, tremblement de terre, ouragans,**
« **inondations, invasions ou pillages.**

« Le Gouvernement se réserve le droit de pouvoir acheter l'éta-
« blissement et son mobilier dans le cas où il le croirait utile à ses
« intérêts. Le prix en serait déterminé à dire d'experts nommés
« contradictoirement.

« Le présent marché est passé pour l'espace de dix ans, à partir
« du 1er Avril 1839.....

« En cas de résiliation, le Gouvernement s'engage à tenir

« compte à l'entrepreneur ou à ses héritiers de la valeur du mobilier
« estimé à dire d'experts et, de plus, des frais d'installation qu'a
« coûté l'Établissement. »

Sur les termes de cette dernière clause, une discussion eut
lieu :

« M. Lemaire avait demandé que le Gouvernement s'engageât,
« en cas de résiliation, à lui acheter le mobilier de l'Établissement
« estimé à dire d'experts et à lui payer une somme de 10,000 francs
« pour l'indemniser de ses frais de création et d'installation. Plu-
« sieurs Membres estiment que cette prétention est un peu
« élevée..... »

Il ne s'agissait là bien évidemment que d'une indemnité relative
à des frais accompagnant les circonstances de la fondation à ajouter
au prix du rachat. On ne peut pas, en effet, avoir la prétention de
penser qu'une somme de 10,000 francs aurait suffi aux yeux de
M. Lemaire pour l'indemniser de la perte des immeubles qu'il avait
acquis ou construits et affectés à la Maison Coloniale de Santé, valant
alors au moins 200,000 francs.

« Le Gouverneur pense qu'il ne serait qu'équitable d'accorder à
« l'entrepreneur ou à ses héritiers l'indemnité qu'il demande si le
« marché n'avait pas assez de durée pour le faire rentrer dans ses
« frais d'installation qu'**on peut considérer en quelque sorte**
« **comme une avance faite à l'État.** »

Et dans cet esprit, la clause est complétée comme suit :

« L'indemnité représentative de ces frais demeure fixée à la
« somme de 10,000 francs si la résiliation avait lieu durant l'une des
« cinq premières années du marché, à 5.000 francs, si elle avait lieu
« durant l'une des cinq autres. »

L'importance des lignes qui précèdent est capitale. Elles
comportent, en effet, la physionomie des conditions exceptionnelles

dans lesquelles s'est produite la fondation, pour le compte de l'État, d'un établissement affecté à un service public.

Il ne faut pas en dénaturer le sens ou en atténuer la portée. C'est cependant ce que fait la Défense en cherchant à établir une confusion entre cette indemnité pour frais d'installation estimée à 10,000 francs par M. Lemaire, qu'il avait peut-être la possibilité de compenser, sans bénéfices d'ailleurs, par dix années d'entreprise, et l'indemnité qui lui était éventuellement due, soit pour la destruction de ses immeubles, par une catastrophe, soit pour leur rachat, seules hypothèses de la cessation de son privilège. Dans l'un et l'autre de ces deux cas c'étaient les clauses précédentes qui devaient être appliquées, c'était l'évaluation à dire d'experts qui seule pouvait chiffrer l'indemnité.

Tout le système de la Défense, se basant sur cette confusion cherchée, consiste à dire qu'un pareil contrat devait assurer à l'entrepreneur des bénéfices tels, qu'il pouvait trouver dans l'exercice de dix années d'entreprise et la compensation de tous ses frais, y compris la valeur des immeubles, et le bénéfice normal de l'entrepreneur.

Ce raisonnement est inexplicable quand on l'applique comme l'a fait le Contentieux administratif de la Colonie, aux dix premières années de l'entreprise qui ont été déficitaires et il serait faux si on l'adaptait aux besoins d'une mauvaise cause en disant que l'entreprise ayant duré pendant soixante-deux ans, les entrepreneurs ont eu le moyen d'amortir tous leurs frais, tous leurs immeubles et de recueillir en même temps un bénéfice.

En effet, il y avait à l'ouverture de l'hospice des aliénés fondé par M. Lemaire (déclaré d'utilité publique et appelé Maison Coloniale de Santé par arrêté du Gouverneur du 10 Janvier 1840), quinze malades en traitement. En 1847, il y en avait 53 (1). On peut donc

____

(1) *Notice sur la Maison Coloniale de Santé*, par Reboul du Chariol, avocat. — Saint-Pierre, 1847.

estimer à 40 au maximum la moyenne annuelle des malades traités pendant les dix premières années. Est-il dès lors possible d'admettre que les bénéfices à provenir du traitement de ces 40 malades au prix de 2 francs par jour aient permis à M. Lemaire de se récupérer des dépenses de fondation et d'installation?

Au jour de la catastrophe de 1902 le nombre des malades en traitement était de 201, dont 105 hommes et 96 femmes. Le per-

MAISON COLONIALE DE SANTÉ DE SAINT-PIERRE
Un Coin de la Cour des Hommes.

sonnel de l'établissement comprenait 45 personnes, en sorte que le nombre des victimes enfouies sous les ruines de la Maison Coloniale de Santé de Saint-Pierre est de 246.

Peut-on soutenir que l'établissement tel que l'avait fondé

M. Lemaire en 1839, qui recevait alors 15 malades, qui en hospitalisait 53 en 1847, était le même dans toutes ses proportions et aménagements que celui qui a été détruit en 1902? Et ne voit-on pas qu'au contraire d'un amortissement, c'est un accroissement constant de l'Établissement et de sa valeur qui est résulté de l'entreprise?

Un plan annexé au présent mémoire édifiera sur ce point quand, en prenant connaissance de l'état descriptif qui y figure, on saura que les bâtiments J et V étaient seuls à constituer l'établissement au moment de sa fondation et que tous les autres ont été successivement construits.

Il est donc établi par ce qui précède :

1° Que la fondation de la Maison Coloniale de Santé de Saint-Pierre (Martinique), s'est produite grâce au concours de M. Lemaire, sous la condition que celui-ci ou ses héritiers recevraient le remboursement de la valeur des immeubles affectés à cet établissement et du mobilier qui s'y trouverait lorsque, par suite d'une catastrophe ou de l'exercice du droit de rachat que se réservait le Gouvernement, le privilège de fondateur, absolument spécifié et reconnu, (Conseil privé du 4 Septembre 1838) serait retiré ;

2° Que ce privilège, en raison des circonstances de fondation (« œuvre d'humanité », « tirant l'Administration d'embarras », « avance à l'État ») ne pouvait être retiré à M. Lemaire ou à ses héritiers que dans les deux hypothèses prévues de la catastrophe ou du rachat ;

3° Que la résiliation pendant sa durée, fixée à 10 ans, du marché intervenu le 26 Juin 1839 pour l'admission et le traitement des malades hospitalisés aux frais de l'Administration et dans lequel furent insérées les clauses qui s'appliquaient à la reconnaissance du privilège, aurait, en outre, donné droit à une indemnité spéciale à ajouter au prix du rachat.

11

Aucun de ces points ne serait discutable et discuté si à l'esprit du contrat du 26 Juin 1839 s'était jointe une forme plus claire et mieux conçue. Ce contrat est mal rédigé, mais il serait injuste d'en faire grief à ceux qui l'invoquent, car d'après le procès-verbal du Conseil privé qui l'a approuvé, c'est le Directeur de l'Intérieur qui a été chargé de sa rédaction. C'est ce même fonctionnaire qui, dans la séance du Conseil privé du 10 Septembre 1838, émettait l'avis partagé par tous les membres du Conseil, que les conditions mises par M. Lemaire à la fondation devaient être acceptées sans difficultés.

Dans la pensée donc de son rédacteur, le contrat comportait bien deux traités, l'un relatif à l'entreprise du traitement des aliénés à la charge de l'État ou de la Colonie, l'autre relatif à la fondation de l'Établissement.

On comprend qu'une limite de durée ait été assignée aux conditions du marché pour le traitement des malades et que cette durée fut de 10 ans, parce que à l'expiration d'une période décennale les conditions d'un tel marché, influencées à la fois par le nombre des malades en traitement, par le prix des vivres et les progrès de la science médicale, pouvaient, devaient être soumises à révision, mais il n'y avait qu'une manière de tenir l'engagement pris vis-à-vis de M. Lemaire en ce qui concernait le sacrifice qu'il avait consenti pour fonder la Maison Coloniale de Santé, le service qu'il avait rendu ; c'était, en cas de rachat ou de catastrophe, de payer à lui ou à ses héritiers la valeur de ses immeubles et du mobilier à dire d'experts, et cet engagement était indéfini.

*
* *

Avec le contrat initial de 1839, les héritiers Lemaire produisent les marchés passés entre l'État, la Colonie et leurs auteurs pour le traitement des hospitalisés, en 1861, 1870, 1880 et 1892 ; et alors apparaît le grand argument de la Défense :

Aucun de ces marchés, et notamment le dernier, ne reproduit les clauses du contrat de 1839 dont on demande aujourd'hui l'application.

« Considérant — dit la décision du Contentieux administratif de
« la Martinique, — que le dernier contrat (celui du 30 Mars 1892, fait
« pour 15 ans) pas plus d'ailleurs que celui de 1854, produit égale-
« ment aux débats, ne contient aucune référence au marché initial
« de 1839 et que l'on n'y rencontre aucune stipulation qui rappelle
« de près ou de loin les clauses d'exception qui y étaient inscrites.

« Considérant que l'on conçoit aisément que l'Administration
« locale n'ait pu se soumettre pour une période indéfinie à des pré-
« visions qui engageaient à ce point les finances de la Colonie et
« qu'elle ait entendu limiter leur effet à une durée préfixée, mais
« suffisamment prolongée pour permettre au bénéficiaire de l'entre-
« prise de se récupérer des dépenses de fondation et d'installation.

« Considérant que ces données amènent à conclure que les
« dispositions exceptionnelles du marché de 1839 qu'invoquent les
« requérants ont été frappées de caducité dès l'expiration de ce
« marché.

. . . .

« La requête des consorts Lemaire est rejetée. »

On ne nie pas que l'État et la Colonie se fussent engagés en 1839 dans des conditions exceptionnelles, mais on suppose, « on conçoit aisément » qu'ils n'aient pu se soumettre à cet engagement pour une période indéfinie, et on apprécie qu'une durée de dix ans prévue au contrat a permis au bénéficiaire de se récupérer des dépenses de fondation et d'installation.

Commentant cette décision du Contentieux de la Martinique, la Défense écrit de son côté dans ses conclusions du 21 Juin 1906 :

« Si l'on recherche quelle a été l'intention des parties, en 1839
« on s'explique facilement que la clause litigieuse, insérée dans la
« première convention, n'ait point été reproduite par la suite ; l'idée
« dominante qui a présidé à la rédaction du marché de 1839 était, en
« effet, que l'œuvre de M. Lemaire répondait à un besoin d'ordre
« général et allait tenir la place d'un service public, on a donc voulu

MAISON COLONIALE DE SANTÉ DE SAINT-PIERRE
Au Quartier des Femmes.

« en mettre l'auteur à l'abri des risques **si fréquents à la Marti-**
« **nique** et lui éviter en partie les aléas que pourrait présenter son
« entreprise, ce qui est encore révélé par l'engagement souscrit
« par l'Administration de lui rembourser ses frais d'installation en
« cas de résiliation...

« En un mot, on n'a pas voulu en 1839 que M. Lemaire fut
« exposé à faire en pure perte des dépenses considérables. »

On ne peut mieux dire et mieux plaider la cause des héritiers
Lemaire. Sauf les mots « en partie » que pour être sincère la Défense
aurait dû remplacer par les mots « en totalité », les lignes qui précèdent expriment exactement toute la philosophie du procès.

Mais la Défense ajoute :

« Mais le but ainsi poursuivi devait et pouvait être atteint sans
« que la responsabilité exceptionnelle assumée alors par l'Adminis-
« tration subsistât ultérieurement ; après dix années les frais de
« construction et d'installation pouvaient être amortis en grande
« partie, sinon dans la totalité et il n'existait plus de motifs pour
« laisser à la charge de la Colonie les conséquences des cas de force
« majeure. »

Evidemment la Défense est moins affirmative que le Contentieux
de la Colonie ; elle n'ose pas dire que dix années d'exercice d'entreprise ont suffi pour que le fondateur ait pu se récupérer des dépenses
de fondation, de construction et d'installation ; elle avance, timide-
ment sans doute, que ces dépenses pouvaient, après dix ans, être
amorties en grande partie. Or, l'on sait que le traitement, à deux
francs par jour, de 40 malades en moyenne ne pouvait en aucune
façon, fut-ce pendant dix ans, et plus, procurer à l'entrepreneur de
ce traitement un bénéfice susceptible de compenser « des dépenses
considérables ». Et la Défense pas plus que la Colonie ne fait allu-
sion au droit de rachat que le Gouvernement s'était réservé et qui
seul eut mis fin à la garantie assumée.

III

Les héritiers Lemaire ont donc soutenu devant le Contentieux de
la Martinique et soutiennent que les dispositions spéciales du contrat

de 1839, qui ne pouvaient être abrogées, car on n'abroge pas un engagement de la nature de celui-là pas plus qu'on ne libère une dette sans la payer d'une façon quelconque, devaient produire, en suite de la catastrophe de 1902, tout leur effet. Ils exposent qu'ils n'ont jamais cessé de considérer ce contrat comme applicable en cas de sinistre ou de rachat. Ils affirment qu'ils n'ont jamais cru à la possibilité de se défaire, entre des mains étrangères, de leurs immeubles et de leur entreprise. Le droit de l'État et de la Colonie au rachat a entraîné l'immobilisation complète de leur propriété. Ils ont au surplus été amenés par la force des événements à consacrer à l'agrandissement de l'établissement et à l'amélioration constante du service public qui leur était confié toutes leurs économies, si bien que le capital englouti par eux dans les installations et l'extension de l'entreprise de leur auteur a atteint un chiffre bien plus considérable que la valeur réelle de l'établissement primitif.

On fait état contre eux de ce que, dans deux circonstances qu'ils ont rappelées eux-mêmes, des inondations de la rivière Roxelane ayant occasionné d'importants dégâts à l'établissement, ils n'ont obtenu, en arguant des clauses du contrat de 1839, que des indemnités relativement faibles 15.000 francs en 1865 et 1,500 francs en 1870. On prétend que, d'après l'insuffisance de ces subsides et leur acceptation, il est permis de conclure que les héritiers Lemaire considéraient depuis longtemps que les clauses exceptionnelles de 1839 étaient inopérantes. C'est là une supposition gratuite que rien n'autorise.

Au contraire, les héritiers Lemaire ont rappelé ces circonstances pour démontrer que l'Administration n'avait jamais protesté contre les motifs à indemnité qu'ils invoquaient. A vrai dire : que l'Administration de la Colonie fut fixée sur ses propres obligations à cet égard, cela n'est pas certain. On la plonge dans un profond embarras chaque fois qu'on lui demande l'examen d'une question d'origine reculée et l'on peut avancer que si les héritiers Lemaire n'avaient pas produit le contrat de 1839, il eut été ignoré. On verra plus loin que cette réflexion n'est pas déplacée.

Pendant toute la durée de l'entreprise, depuis la mort de leur auteur, c'est-à-dire de 1842 à 1902, les héritiers Lemaire ont subi sans se plaindre — c'était plus pratique — bien des injustices et bien des menaces.

Ils redoutaient l'éventualité du rachat qui serait sans doute résulté d'un procès, bien qu'elle fut leur sauvegarde, parce qu'à tout prendre, le renouvellement des marchés pour le traitement des hospitalisés à la charge de l'État et de la Colonie était la solution la plus avantageuse, le moyen de tirer le meilleur parti des sacrifices qu'ils ne cessaient de consentir pour tenir l'établissement à la hauteur de son but. Ils s'accommodaient, par conséquent, de marchés dont la forme correspondait à celle des marchés passés avec les entrepreneurs des hôpitaux appartenant à l'État ou à la Colonie. Mais quand en 1880 et en 1892, à l'occasion du renouvellement des derniers marchés, ils entendirent l'écho d'intentions malveillantes, leur rapportant la prétention qu'avaient certains esprits, imbus de politique évictioniste à l'égard des blancs, de les évincer de leurs droits d'entrepreneurs nés, de leur retirer leur privilège, ils n'ont pas hésité à protester et à rappeler l'obligation du rachat à dire d'experts. L'incident soulevé s'est clos les deux fois par le renouvellement du marché : pour dix ans en 1882, pour quinze ans en 1892.

Cette préférence du moindre mal qui avait en somme réussi aux héritiers Lemaire ne peut être invoquée contre eux.

IV

Peut-on aussi, comme le fait la Défense, trouver argument du manque de confiance des requérants en l'efficacité des clauses de 1839, dans le fait qu'ils prétendent encore à une indemnité parce que le droit leur en est reconnu par le dernier contrat de 1892 et par les contrats antérieurs sous la forme suivante ?·

« S'il arrivait — dit l'article 33 du contrat de 1892 — que la « résiliation ne provint pas du fait des entrepreneurs, il leur serait « accordé une indemnité qui serait réglée administrativement. »

A la mise en valeur de cet article du contrat sous le régime duquel est survenue la catastrophe, le Contentieux de la Colonie a répondu qu'il était la contrepartie de l'article 32 prévoyant la non-exécution ou la mauvaise exécution du marché et la résiliation au dam de l'entrepreneur qui en serait la conséquence. Et la décision de rejet sur ce point se borne à invoquer le cas de force majeure, seule cause de la résiliation.

Évidemment, la Défense, qui estime « que les héritiers Lemaire « sont à l'heure actuelle dans la situation des commerçants et des « industriels dont les établissements ont été détruits par la « catastrophe de 1902, situation que le caractère de leur clientèle « n'est pas susceptible de modifier », trouve commode d'invoquer aussi au profit de l'Administration le cas de force majeure, mais il est permis aux héritiers Lemaire de protester et de faire remarquer que c'est précisément pour qu'on objecte pas le cas de force majeure que leur auteur, d'accord avec le Gouverneur et le Conseil privé de la Martinique, avait stipulé qu'une indemnité serait substituée au privilège, lors de sa disparition pour quelque cause que ce soit.

Leur reprocher de faire valoir des droits subsidiaires après l'exposé de leurs droits principaux, c'est avouer le parti-pris de dénier l'intérêt de leur cas lamentable.

A leur pourvoi contre la décision du Contentieux de la Martinique, les héritiers Lemaire ont joint un autre pourvoi contre la décision du Ministre des Colonies qu'ils ont mis en cause et qui n'a pas répondu à leur requête.

Ils soutiennent que la responsabilité de l'État est établie par le fait que le contrat de 1839 a été passé entre eux et l'Etat, la Colonie n'ayant point alors la personnalité et l'autonomie que lui conféra plus tard un Sénatus-consulte. Ils font observer que l'Etat est intervenu en outre dans tous les contrats postérieurs, qu'il a stipulé en même temps que la Colonie et que le service public des aliénés avait été fondé, organisé dans l'intérêt de l'État aussi bien que dans l'intérêt de la Colonie.

V

Telle était la discussion devant le Conseil du Contentieux de la Martinique et devant le Conseil d'Etat jusqu'au 30 Mai 1907. Et elle pourrait se résumer ainsi :

Les héritiers Lemaire soutiennent que les clauses du contrat de 1839 n'ont jamais cessé d'être applicables et qu'en vertu de ces clauses ils ont droit au remboursement de la valeur de leur établissement et de son mobilier à déterminer à dire d'experts au jour de la catastrophe.

La Colonie et la Défense ne nient point ces clauses, mais elles opposent que le contrat de 1839 était fait pour dix ans, et que les dix années d'exercice de ce contrat avait assuré, en grande partie tout au moins, au bénéficiaire du contrat le moyen de se récupérer de ses dépenses de fondation. A défaut de document précis, la Colonie et la Défense basent leur opposition sur le fait que tous les contrats produits par les héritiers Lemaire (les seuls qu'ils connaissent et qu'ils aient en mains depuis le contrat de 1839) sont muets quant à la garantie de remboursement en cas de catastrophe, muets sur la question du droit de rachat réservé à la Colonie.

En mai 1907, la Défense a fait une découverte qu'elle croit lui profiter et elle formule ses observations nouvelles dans les termes suivants :

« La solution du litige dont le Conseil a été saisi par les héri-
« tiers Lemaire dépend, d'après la réplique, et à cet égard nous

« Après la Catastrophe ».

« sommes d'accord avec elle, du point de savoir si la clause de
« garantie générale et absolue contenue dans le marché de 1839 est
« demeurée en vigueur à l'expiration du délai de dix années pour
« lequel ce marché avait été passé et dans le cas où on ne saurait la
« considérer comme maintenue in terminis, s'il ne faudrait pas voir
« dans l'article 33 du contrat de 1892, dont l'exécution se poursui-
« vait à l'époque de la catastrophe, une disposition ayant la même

« portée et devant entraîner les mêmes effets ; **c'est, en un mot,**
« **d'une recherche d'intention qu'il s'agit dans la cause.** Nous pro-
« duisons à ce propos, à l'appui des présentes observations, une pièce
« qui est, croyons-nous, susceptible de faire une pleine lumière sur
« les deux termes de la proposition des requérants : c'est la délibé-
« ration du Conseil privé du 2 Mai 1844 qui constate quelles étaient
« les modifications que l'Administration entendait apporter au
« contrat primitif pour en accepter le renouvellement ; or, il résulte
« de ces termes que la Colonie a eu la volonté, en 1844, d'écarter
« d'une manière complète et de faire disparaître la clause de garantie
« absolue du contrat de 1839, c'est dans ce sens que des instructions
« ont été données au fonctionnaire chargé de négocier avec les héri-
« tiers Lemaire le renouvellement du marché. »

Et la Défense ajoute, en concluant, que « si l'on ne retrouve
« dans aucune des conventions postérieures à cette date l'engage-
« ment qu'invoque le recours, tel qu'il a été souscrit à l'origine, et si
« l'on n'y rencontre qu'une disposition rédigée en termes différents,
« l'on doit nécessairement en conclure que les auteurs des héritiers
« Lemaire ont accepté les propositions de la Colonie ».

Ainsi, en 1844, serait intervenu un nouveau contrat annulant
celui de 1839 et ne tenant aucun compte des engagements qui répon-
daient à la condition formelle que M. Lemaire avait posée pour
« tirer la Colonie d'embarras » « pour consentir une avance à l'État ».
Mais que s'était-il donc passé depuis Juin 1839, c'est-à-dire en moins
de cinq ans ?

A quel étonnement ne peut-on pas se livrer lorsqu'on a entendu
la Défense, adoptant en cela la thèse de la Colonie, soutenir en toute
système que la responsabilité assumée en 1839 par l'Administration
avait dû « en grande partie prendre fin » après dix années d'exercice
de ce contrat ?

Voilà une découverte qui devrait, semble-t-il, la plonger dans un grand embarras. Elle a reconnu, écrit et répété sous toutes les formes que «l'idée dominante qui a présidé à la rédaction du marché « de 1839 était que l'œuvre de M. Lemaire répondait à un besoin « d'ordre général et qu'on avait voulu en mettre l'auteur à l'abri des « risques si fréquents à la Martinique». Elle sait bien que cinq années d'exercice de l'entreprise ne pouvaient pas permettre au fondateur de se récupérer de ses frais de fondation. Cependant, elle n'est point embarrassée : elle adopte maintenant sans discussion une manière de voir toute différente ; elle parle bien d'une recherche d'intention. mais elle déplace l'époque de cette intention ; elle fait table rase de l'intention de 1839, la seule pourtant à retenir, et ne voit plus que l'intention de 1844, dépourvue de tout scrupule, affranchie de toute obligation à l'égard de M. Lemaire : cinq ans après ! Elle a jusqu'ici considéré les délibérations du Conseil privé de 1838 et de 1839 si favorables à la cause des héritiers Lemaire, comme des documents assurément remplis d'intérêt mais n'établissant pas la loi des parties. et sans plus se préoccuper de la teneur de ces délibérations, elle s'est, par dessus tout, appliquée à tirer de la durée de dix ans du premier marché passé pour le traitement des hospitalisés l'argument qui assignerait une égale durée de dix ans à l'engagement qu'avait pris l'Administration d'indemniser M. Lemaire en cas de sinistre ou en cas de rachat.

Aujourd'hui, c'est une délibération du Conseil privé qu'elle invoque et à laquelle elle attache toute l'importance d'un contrat, — et quel contrat ! celui qui aurait consacré une indélicatesse, — **et elle ne produit pas ce contrat**. Elle expose que malgré toutes les recherches auxquelles on s'est livré à la Martinique et au Ministère des Colonies. il a été impossible de retrouver de ce contrat de 1844 aucun exemplaire, aucune copie. Tout cela est vraiment bizarre autant que surprenant. Peut-être en soupçonnera-t-on l'explication dans ce qui suit :

M. Lemaire, qui fonda de 1838 à 1839, dans les conditions que l'on sait, la Maison Coloniale de Santé de la Martinique, est mort à Paris, au cours d'un voyage en France, en 1842, laissant une veuve et des enfants mineurs qui se trouvaient à la Martinique. Le tuteur qui fut donné à ces mineurs était M. Jules Vergeron, leur parent par alliance, avocat à Fort-de-France. Il était prudent, sans doute, de confier à un homme de loi la gestion des intérêts délicats des héritiers Lemaire. Ils avaient recueilli dans la succession de leur père les immeubles qui constituaient l'établissement colonial de santé et aussi le bénéfice des contrats d'entreprise qui liaient la Colonie aux ayants droit. Ces contrats étaient, d'une part, le marché d'entreprise générale des hôpitaux de la Martinique fait pour huit années à partir du 1er Janvier 1841, et, d'autre part, le contrat de fondation et d'entreprise de la Maison Coloniale de Santé de Juin 1839, fait pour dix ans.

Une délibération du Conseil de famille des mineurs Lemaire en date du 30 mars 1843, et produite, fait connaître que l'exercice de ces contrats a été continué au profit desdits mineurs. Comment se peut-il que l'année suivante une rupture désastreuse pour eux du contrat de 1839 soit intervenue ?

Il est vrai que, peu d'années après, on constate dans les documents officiels que M. Jules Vergeron, tuteur des mineurs Lemaire, est devenu, pour son propre compte, entrepreneur général des hôpitaux de la Martinique et que ses pupilles et Mme veuve Lemaire n'ont conservé que l'entreprise du traitement des aliénés intimement liée à leur propriété des immeubles affectés à la Maison Coloniale de Santé.

On apercevrait donc, si la prétention de la Défense était fondée, que M. Jules Vergeron, pour obtenir à son profit personnel l'entreprise générale des hôpitaux, pour l'obtenir sans doute dans des conditions avantageuses, aurait intempestivement, deux ans après la mort de M. Lemaire, alors que cet événement n'en avait pas provoqué la résiliation, qui eut du reste entrainé le rachat, accepté de résilier au nom de ses pupilles ce contrat de 1839 (qui devait durer cinq ans encore, en ses clauses d'administration, et indéfiniment jusqu'à rachat, en ses clauses intéressant la fondation), à seule fin d'en faire disparaître ce qu'il avait d'onéreux pour l'État et la Colonie! On découvrirait que M. Lemaire étant mort, le contre-amiral de Moges, gouverneur en 1839 ayant quitté la Colonie, l'Administration locale ne trouvant plus en face d'elle que de faibles mineurs et un tuteur peu scrupuleux aurait profité de ces circonstances pour se dégager d'une responsabilité qui, si exceptionnelle qu'elle puisse paraître, n'était pas moins très logique en l'espèce? Les catastrophes sont si fréquentes à la Martinique!

Comment! ce contrat de 1844 aurait fait disparaître la clause de garantie absolue du contrat de 1839? Mais alors, la Colonie et la Défense, quand elles ont émis la supposition qu'on avait voulu assurer dix années d'exercice à M. Lemaire pour lui permettre de se récupérer de ses frais, se sont trompées dans leur interprétation, puisque cinq ans après la fondation, il n'est plus question de donner du temps à l'entrepreneur pour se récupérer, et puisque en 1844 comme en 1908 on trouve des fonctionnaires résolus à considérer les héritiers Lemaire comme des industriels ou des commerçants de droit commun!

Il est vraiment étrange qu'un contrat de cette importance, que les héritiers Lemaire avec la plus entière bonne foi affirment avoir toujours ignoré, soit introuvable.

Les fonctionnaires de la Martinique en 1844 et le tuteur des mineurs Lemaire se seraient-ils aperçu qu'ils avaient par collusion perpétré une turpitude? Ont-ils fait disparaître d'un commun accord, après le contrat de 1854 toute trace du précédent; car c'est encore avec M. Vergeron, cette fois simple représentant des héritiers Lemaire devenus majeurs et habitant la France, qu'en 1854 traite l'Administration? Ces suppositions sont inadmissibles. La parole donnée en 1838 et 1839 par le contre-amiral de Moges au nom de l'État et de la Colonie garantissant M. Lemaire et ses héritiers contre la destruction de leurs immeubles tant qu'ils seraient affectés à un service public n'a pu être une parole en l'air.

A-t-on recherché dans les Archives du Tribunal Civil de Fort-de-France les traces de l'homologation obligatoire de la délibération du Conseil de famille qui aurait autorisé le tuteur à passer au nom de ses pupilles un contrat en 1844 ? C'est sans doute inutile : on ne trouverait ni cette homologation, ni cette autorisation. **S'il y a eu contrat en 1844, si ce contrat a eu pour effet d'annuler entièrement celui de 1839, que la Défense le produise ! On verra seulement ce qu'il dit et ce qu'il vaut.**

La haute juridiction devant laquelle est portée ce procès ne s'accommodera pas des délibérations du Conseil privé de 1844 et du Conseil colonial de 1845 qui constatent « les modifications que l'Administration entendait apporter au contrat primitif » pour adopter l'esprit qui anima ces mêmes délibérations. Elle s'inspirera d'équité et de justice comme elle le fait toujours, et dira que les héritiers Lemaire ont droit à une juste réparation.

51149   Imp. MAULDE, DOUMENC et Cⁱᵉ. 144, rue de Rivoli, Paris.